MW01620812

HOUGHTON MIFFLIN

Hola

Houghton Mifflin Company • Boston
Atlanta • Dallas • Geneva, Illinois • Palo Alto • Princeton

HOUGHTON MIFFLIN

Hola

Autores principales

David Freeman
Yvonne S. Freeman

Autores

Margarita Calderón
Alan Crawford
J. Sabrina Mims
Tina Saldivar

Autores de consulta

J. David Cooper
John J. Pikulski
Sheila W. Valencia

Asesores

Dolores Beltrán
Gilbert G. García
Edgar Miranda

Asesoras literarias

Yanitzia Canetti
Margarita Robleda

Houghton Mifflin Company • Boston

Atlanta • Dallas • Geneva, Illinois • Palo Alto • Princeton

Cover and title page photography by Tim Turner.

Cover illustration from *Listen to the Desert/Oye al desierto,* by Pat Mora, illustrated by Francisco X. Mora. Illustrations copyright © 1994 by Francisco X. Mora. Reprinted by permission of Clarion Books, a division of Houghton Mifflin Company. All rights reserved.

Acknowledgments appear on page 192.

Printed in the U.S.A.

ISBN 0-395-78680-0

56789-xx-02 01 00 99 98 97

Para empezar

Temas

Un mundo maravilloso

Antología

Cosquillitas

Antología

Acerca de Patricia y Fredrick McKissack

Patricia y Fredrick McKissack han hecho casi cien libros juntos. La mayoría de sus libros tratan sobre personas. Al Sr. y a la Sra. McKissack también les gusta trabajar en su jardín. Tal vez eso les dio la idea de escribir sobre insectos.

¡Insectos!

¡Insectos!

¿Dónde están?

Allá arriba.

Hay un insecto gordo y rojo.

Insectos. Insectos.

¿Dónde?

Aquí abajo.

Hay dos insectos largos y amarillos.

Insectos. Insectos. Insectos.

¿Dónde están?

Ahí están.

Hay tres insectos verdes
con dos ojos redondos.

Insectos. Insectos. Insectos. Insectos.

¿Dónde?

Aquí adentro.

Hay cuatro insectos
con cuatrocientas patas.

Insectos. Insectos. Insectos.
Insectos. Insectos.

¿Dónde?

Allá, más allá.

Cinco insectos vuelan de aquí allá.

Insectos. Insectos.

Muchos, muchos insectos.

¿Dónde?
¿Dónde?

¡En todas partes!

Acerca de Fred Willingham

Adivina quién ayudó a Fred Willingham a hacer los dibujos para *¡Insectos!* Fue su hija Desirée. Ella se divirtió mucho siendo la modelo para los dibujos.

El Sr. Willingham ▶

◀ El Sr. Willingham con su hija

¡Insectos! ¡Insectos!

Haz una máscara y actúa como si fueras un insecto. Puedes jugar al esconder con tus amigos.

Un mundo maravilloso

LIBRO GRANDE EXTRA

Mi río

por Shari Halpern

Índice

¡MIRA CÓMO LEO!
En nuestro campo
¡MIRA CÓMO LEO!
Un paseo divertido
¡MIRA CÓMO LEO!
El coyote cantarín
Canción de todos los niños del mundo
LIBRO DE BOLSILLO EXTRA

Acerca de

Yanitzia Canetti

Yanitzia Canetti vive en Los Ángeles y tiene muchos amigos mexicanos. Yanitzia escribió este cuento con la ayuda de sus amigos y con los recuerdos de sus viajes a Ciudad de México.

Mi ciudad

por Yanitzia Canetti

Lalo vive en Los Ángeles.

Elisa vive en Ciudad de México.

Elisa le manda una carta a Lalo.

Hola Lalo,
¿Cómo estás?

Hola Lalo,
¿Cómo estás?

Vivo en una ciudad.

¡Una ciudad grandísima!

Mi ciudad tiene
edificios altos,

CONFIA

arte

y canales bellos.

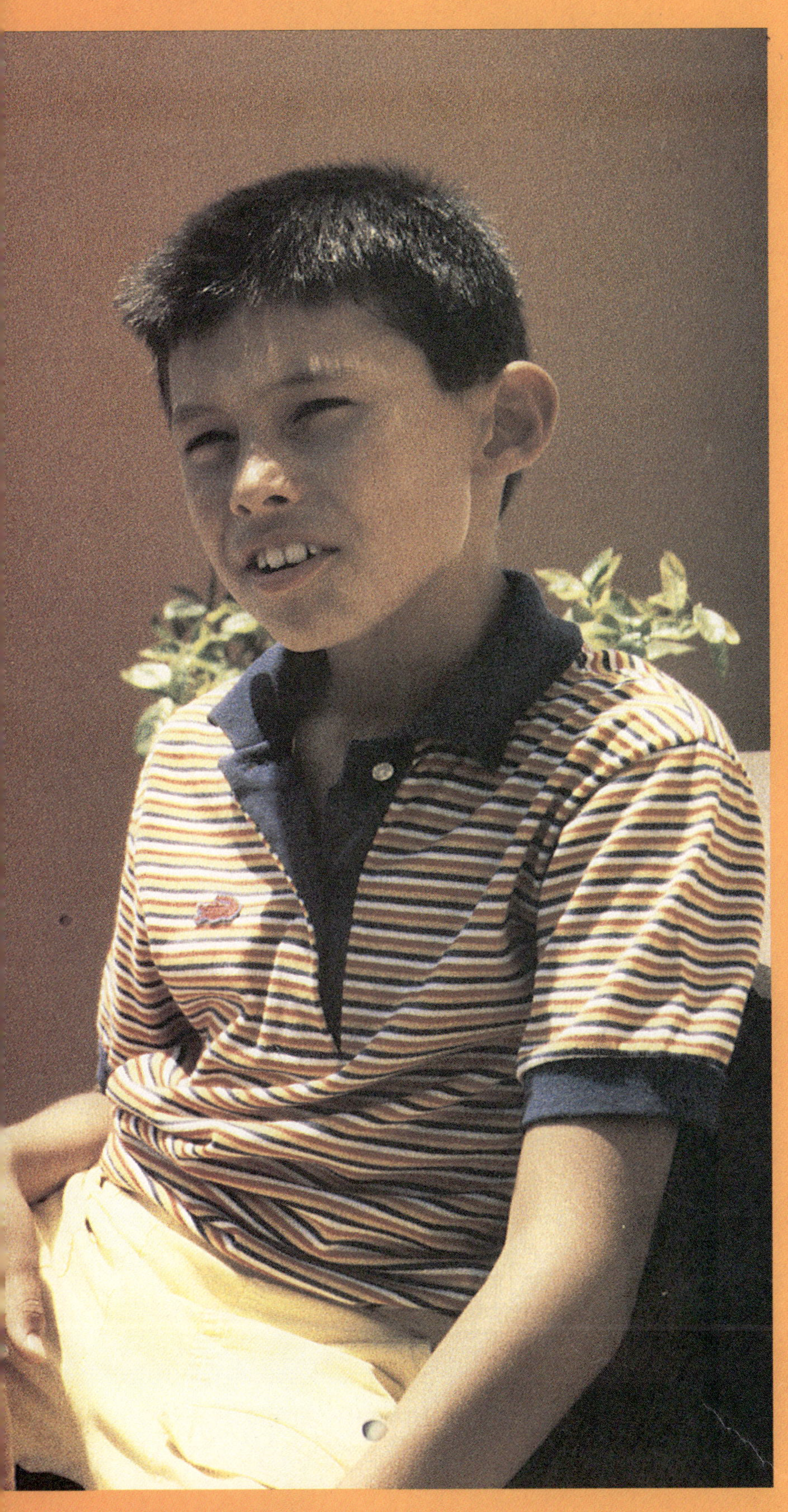

La gente es
alegre y amable.

Por la mañana dicen:
—¡Buenos días!

MARTES
1

Por las tardes dicen: —¡Buenas tardes!

Aquí te mando
algunas fotos de mi ciudad.

Iglesia Santa María
Tonancintla
Castillo de Chapultepec

Un zoológico,

una iglesia,

una plaza,

Papalote

un museo
¡y mi familia!

¡Yo tomé la foto!

Ahora, dime...

¿Cómo es tu ciudad?

¡Un abrazo grande!

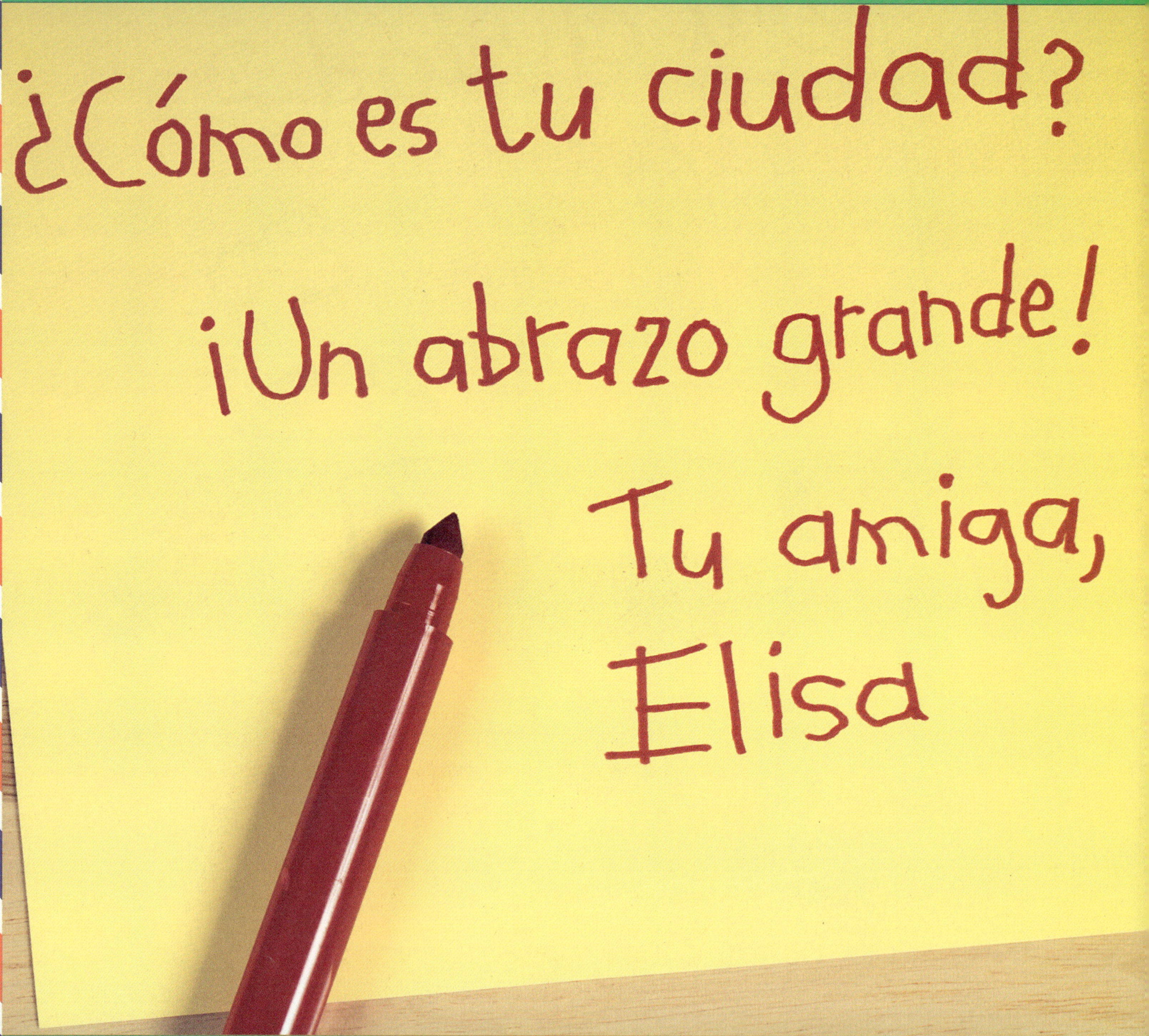

¿Cómo es tu ciudad?

¡Un abrazo grande!

Tu amiga,
Elisa

Tu amiga, Elisa

¡Construye una ciudad!

Trabaja en grupo. Usa cajas o bloques para hacer edificios. Ponle un letrero a cada parte de tu ciudad.

Mi barrio

¿Cómo es tu barrio? Joanna y Álvaro querían escribir sobre dónde viven.

Joanna Navarro
Escuela Primaria Fremont
Merced, California

Joanna tiene dos hermanas y cuatro hermanos. Lo que más le gusta es leer libros. También le gusta jugar a escondidas.

Yo miré un conejo brincando.

Jugué con él.

En la vecindad hay árboles chiquitos. Hay casas también.

Álvaro Mercado
Escuela Primaria Fremont
Merced, California

A Álvaro le gusta escribir y dibujar en la escuela. Por las tardes, juega a la pelota con sus hermanos Jorge, Jesús y Javier.

Signos, rótulos y letreros

A cada fotografía le falta un rótulo.

¿Lo puedes encontrar?

Limonada
10¢

Pintura fresca

Te sobraron algunos signos.

¿En qué lugares podrías ver estos otros?

Todas las tardes

por Ernesto Galarza

Todas las tardes parece que el sol
se mete en la casa de enfrente.
Unas tardes poquito a poco,
y otras muy de repente.
Dime, Sol, si algún día te vas a meter
en la mía.
Dime, Sol, si algún día te vas a meter
en la mía.

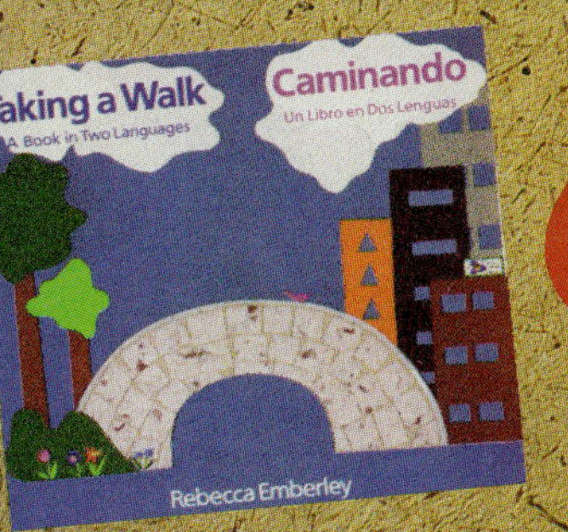

Caminando

por Rebecca Emberley

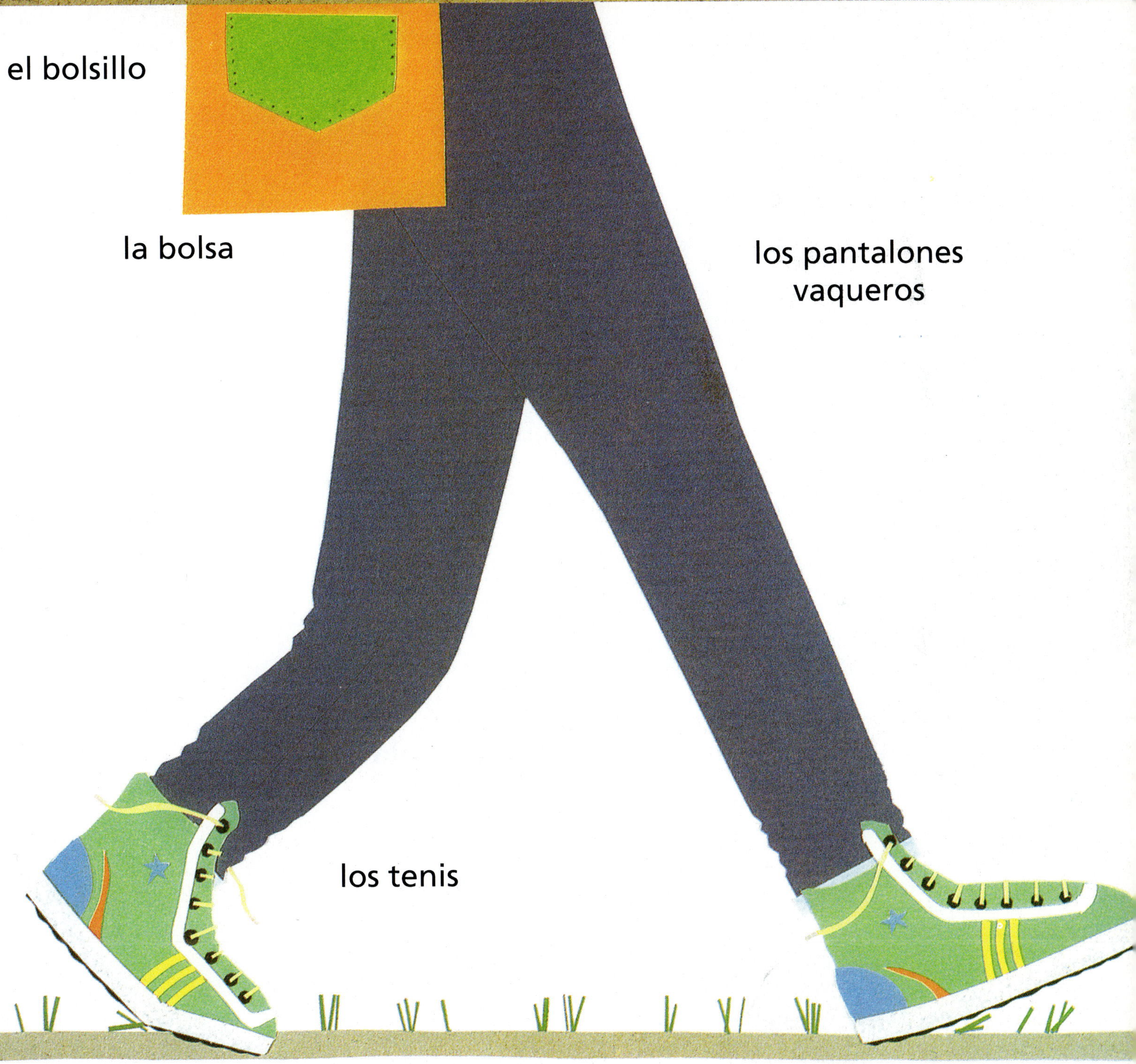

el bolsillo

la bolsa

los pantalones vaqueros

los tenis

Caminemos.

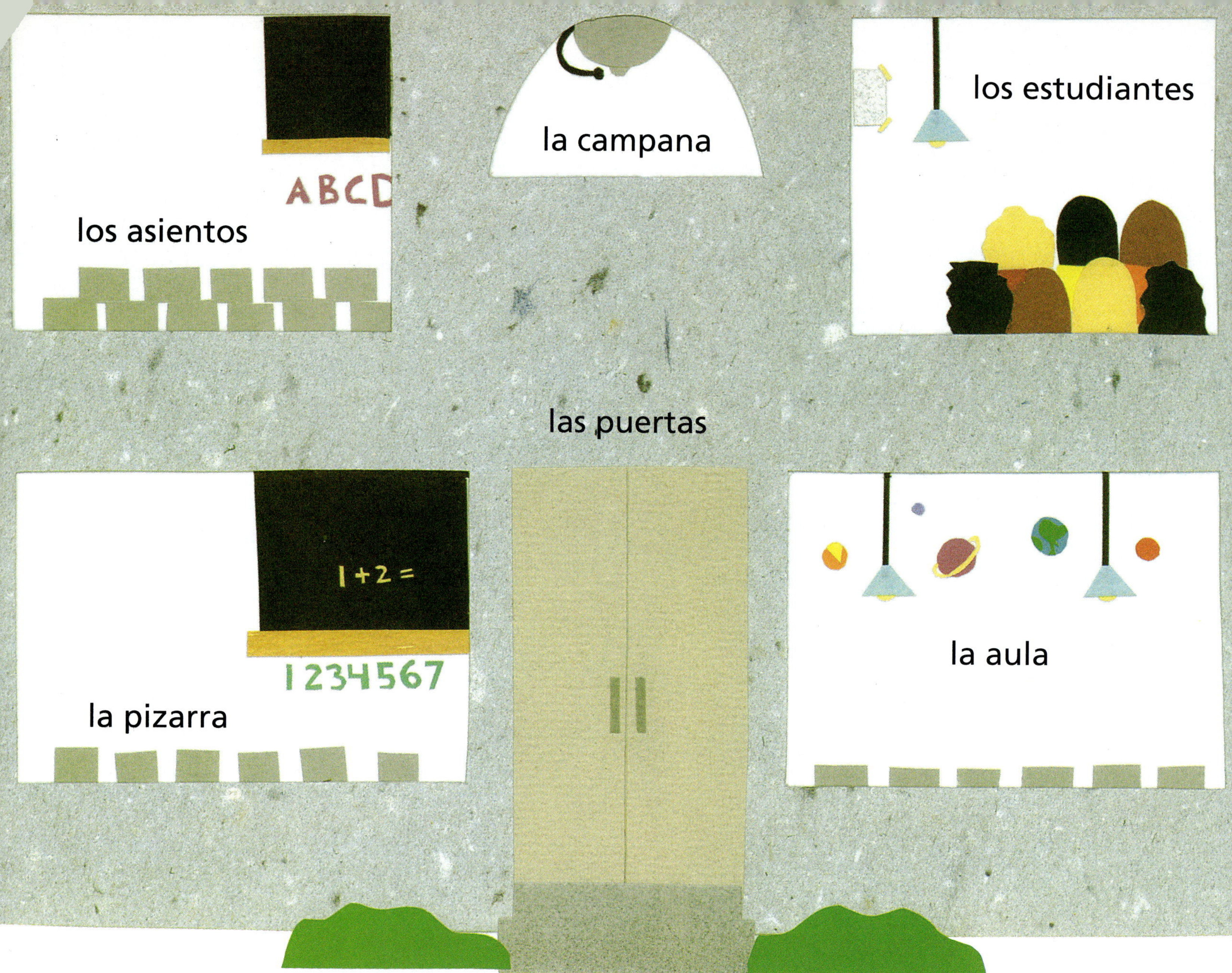

Ahí está mi escuela.

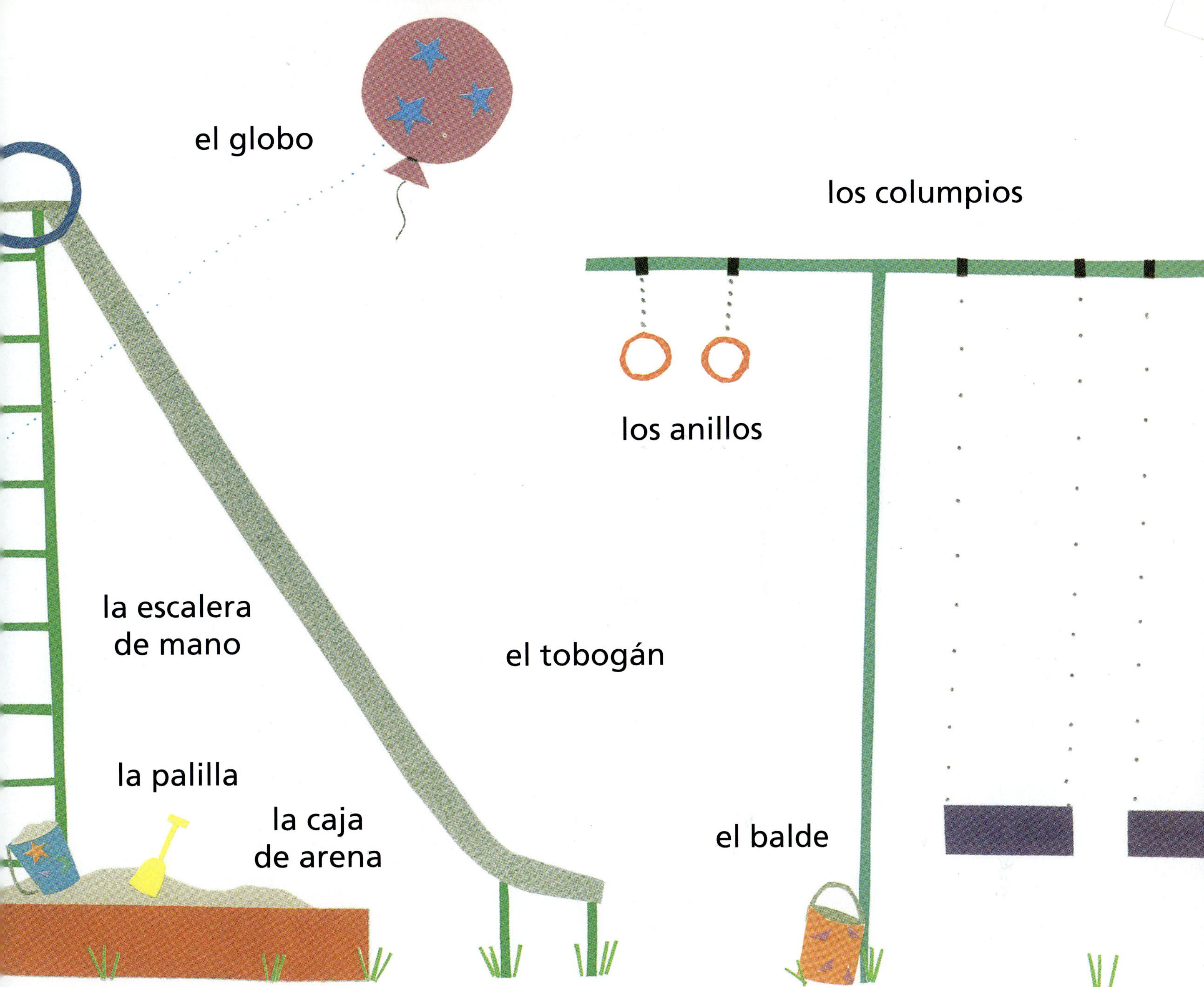

Veo el patio de recreo.

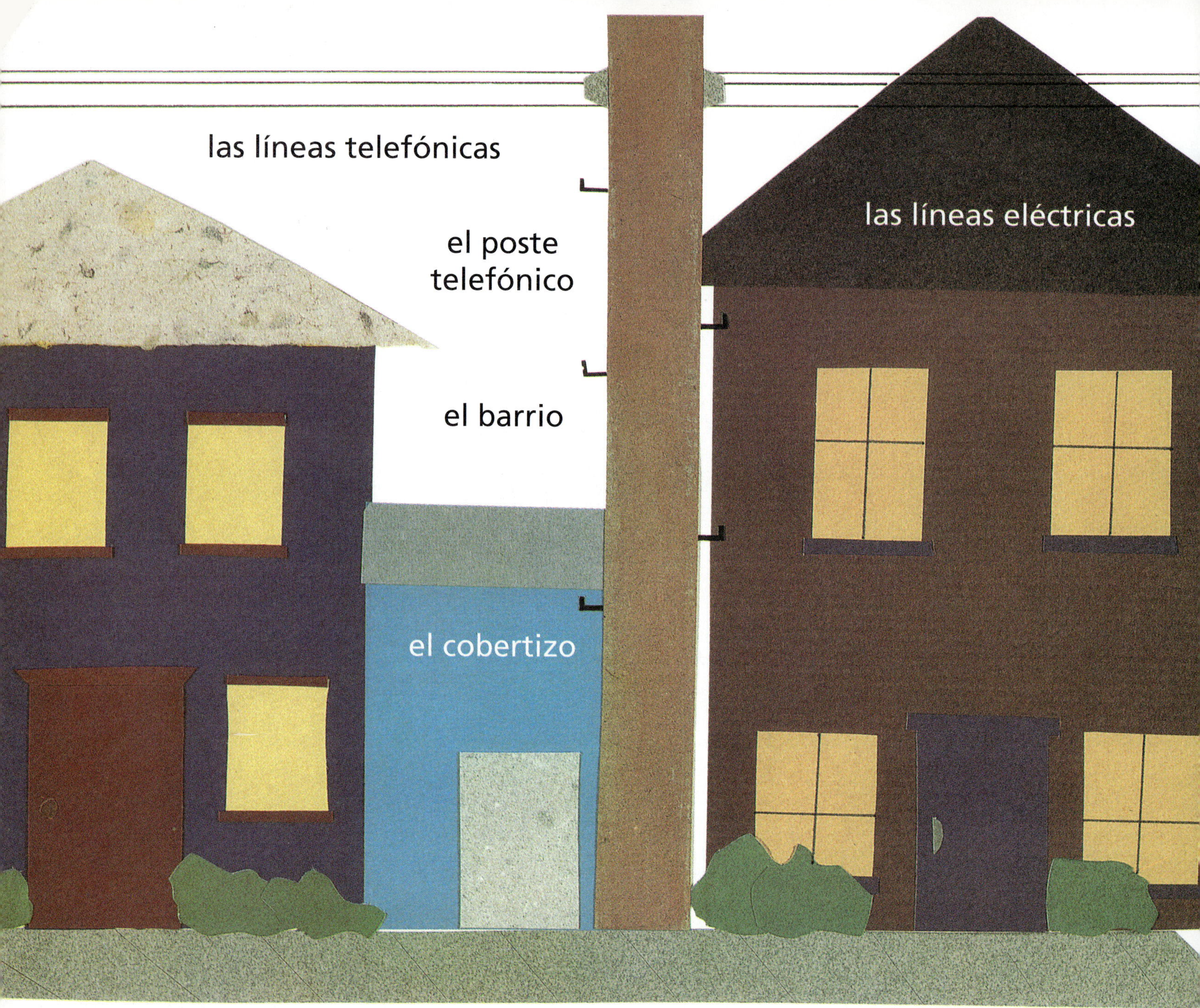

Aquí está mi calle.

la antena
la cumbre
el techo
el muro
la
bicicleta
los botes
de basura

Veo mi casa.

Caminaremos mañana.

¿Qué ves cuando caminas?

ACERCA DE PAT MORA

Pat Mora creció en el Suroeste de los Estados Unidos, donde aprendió inglés y español. Ella dice que puede escuchar los sonidos del desierto en ambos idiomas. Ahora Pat escribe libros y poemas.

ACERCA DE FRANCISCO X. MORA

Francisco X. Mora creció en México. A él le gusta pintar las flores, lagartijas, armadillos y otras cosas que observó cuando era niño.

—Quiero que la gente disfrute con mis pinturas —dice—. Ellas hablan sobre la amistad y la alegría, la belleza de la naturaleza y la vida.

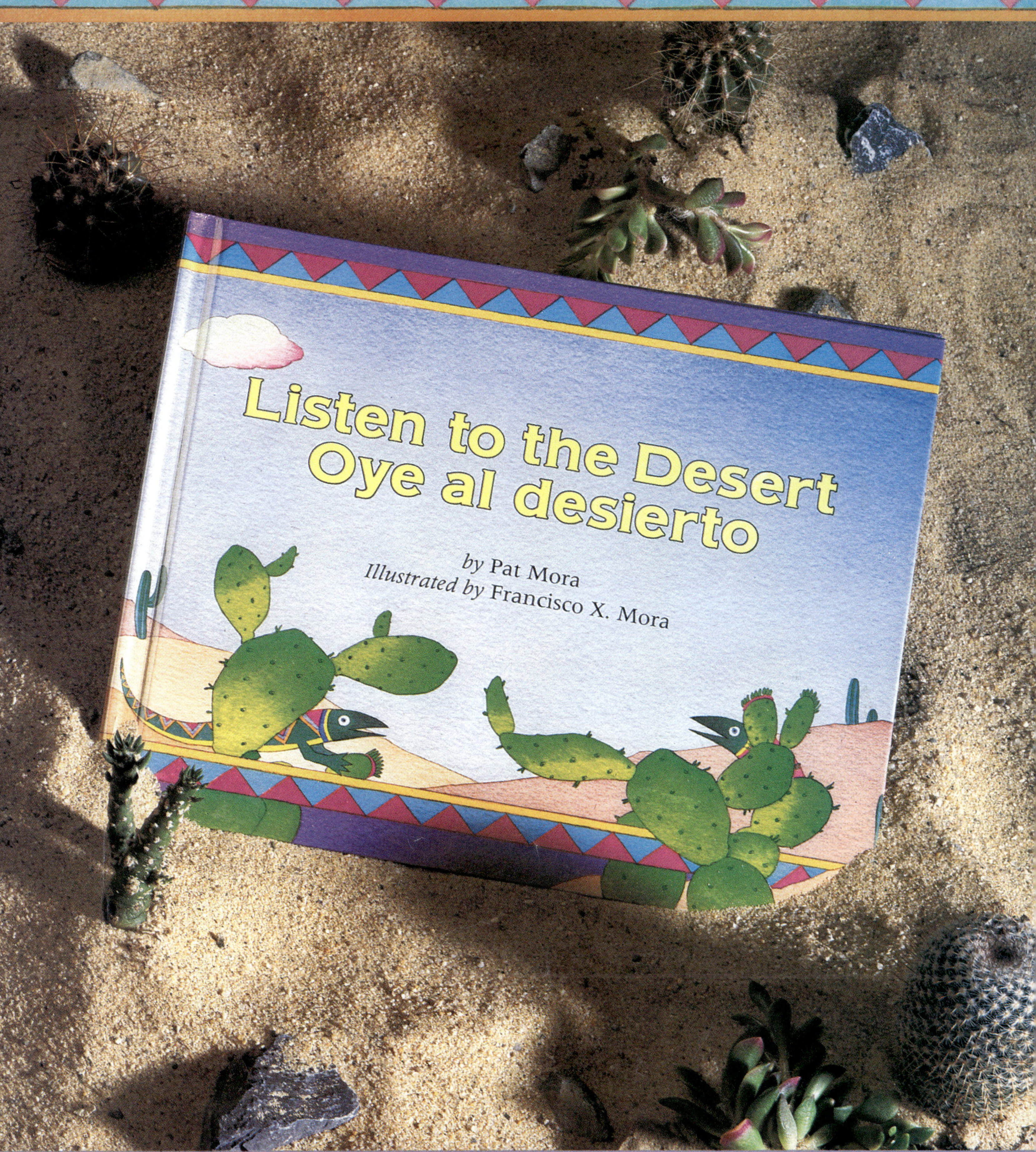
Listen to the Desert
Oye al desierto
by Pat Mora
Illustrated by Francisco X. Mora

Oye al desierto, pon, pon, pon.
Oye al desierto, pon, pon, pon.

¡Oye! La lechuza, uuu, uuu, uuu.
¡Oye! La lechuza, uuu, uuu, uuu.

Oye al sapito, plap, plap, plap.
Oye al sapito, plap, plap, plap.

Silba la culebra, ssst, ssst, ssst.
Silba la culebra, ssst, ssst, ssst.

La paloma arrulla, currucú, currucú, currucú.
La paloma arrulla, currucú, currucú, currucú.

El coyote canta, ahúúú, ahúúú, ahúúú.
El coyote canta, ahúúú, ahúúú, ahúúú.

¡Oye! Los pescaditos, plaf, plaf, plaf.
¡Oye! Los pescaditos, plaf, plaf, plaf.

¡Oye! Los ratoncitos, criic, criic, criic.
¡Oye! Los ratoncitos, criic, criic, criic.

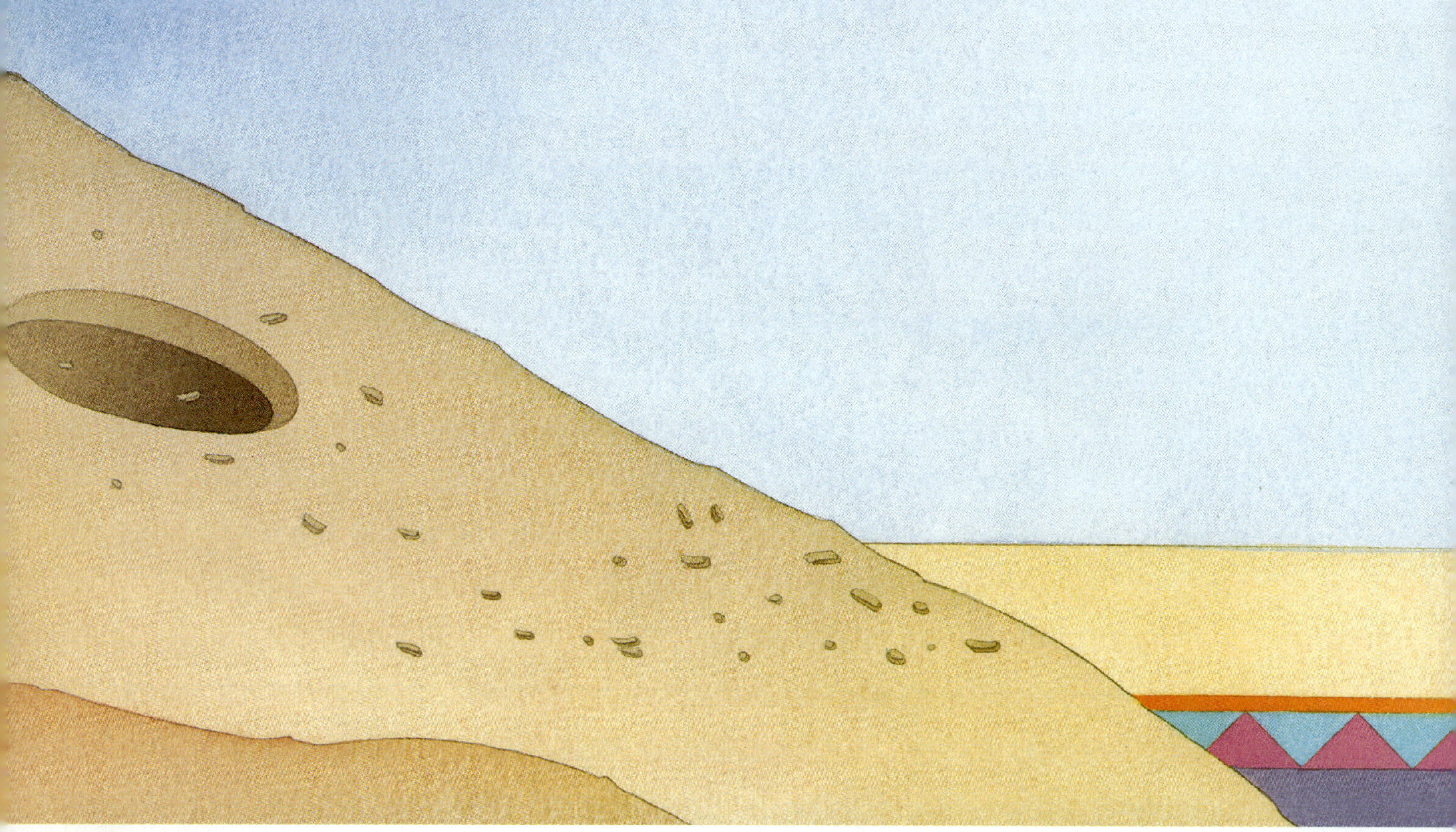

Lluvia baila, baila, plin, plin, plin.
Lluvia baila, baila, plin, plin, plin.

Oye, zumba el viento, zuum, zuum, zuum.
Oye, zumba el viento, zuum, zuum, zuum.

Oye al desierto, pon, pon, pon.
Oye al desierto, pon, pon, pon.

REACCIÓN

Nuestra guía del desierto

Dibuja y escribe sobre un animal del desierto. Trabaja en grupo. Luego une tus páginas para hacer un libro.

Datos del desierto

Este grillo que vive en las dunas usa sus patas para no hundirse en la arena.

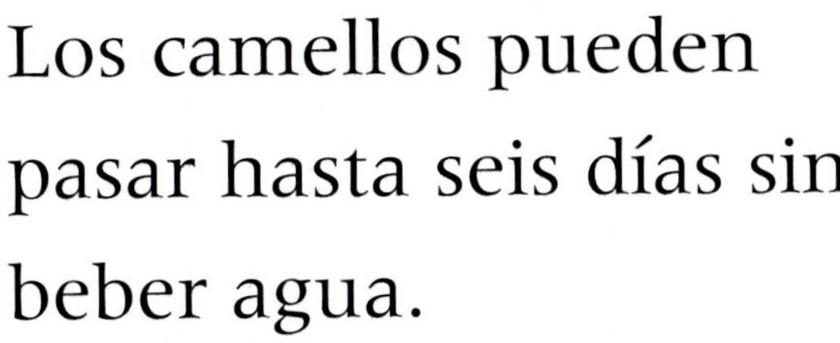

Los camellos pueden pasar hasta seis días sin beber agua.

¡Los correcaminos pueden correr cinco cuadras en sólo un minuto!

Pintura de arena

Estos hombres navajos están haciendo una pintura de arena.

¡Puedes dibujar con arena!

1

Haz un dibujo. Ponle pegamento en una parte.

2

Escoge un color. Echa un poco de arena. Déjalo secar.

3

Sacude la arena que sobra. Haz lo mismo con otro color.

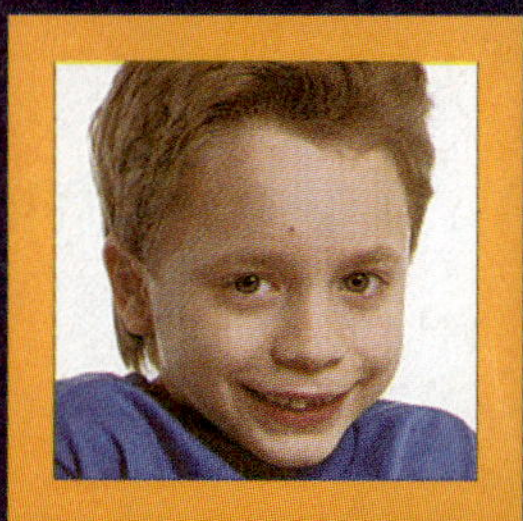

LA LUNA

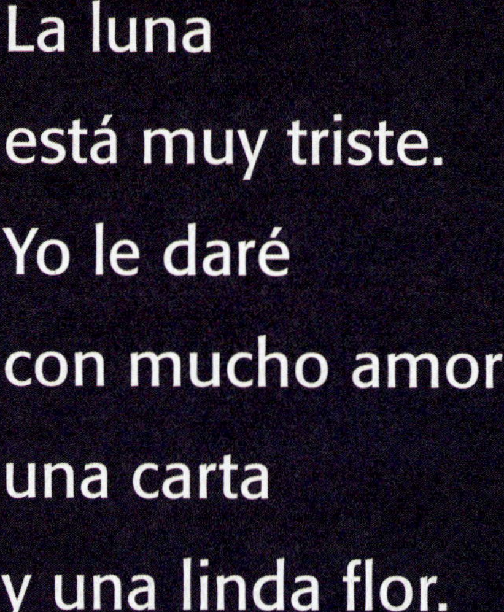

La luna
está muy triste.
Yo le daré
con mucho amor
una carta
y una linda flor.

por Jessica Monteserín
de 6 años

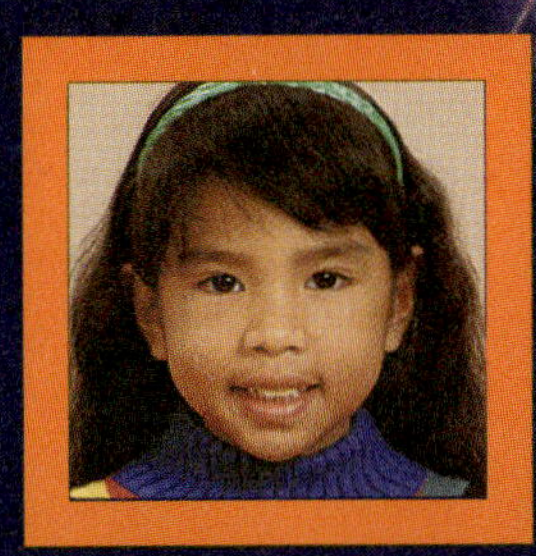

SI TUVIERA ALAS

Si tuviera alas
iría a visitar
a las estrellas
y así soñar.

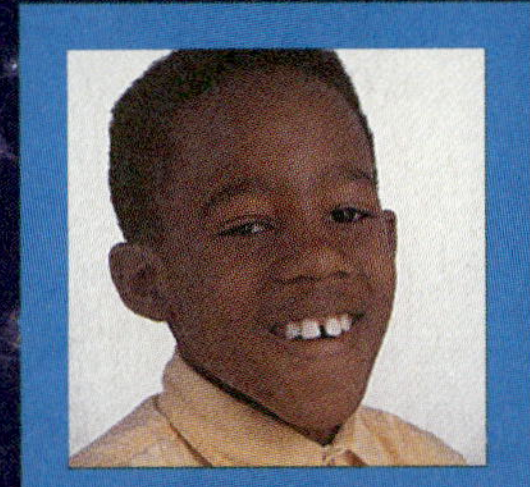

por Ana Cecilia Maero
de 8 años

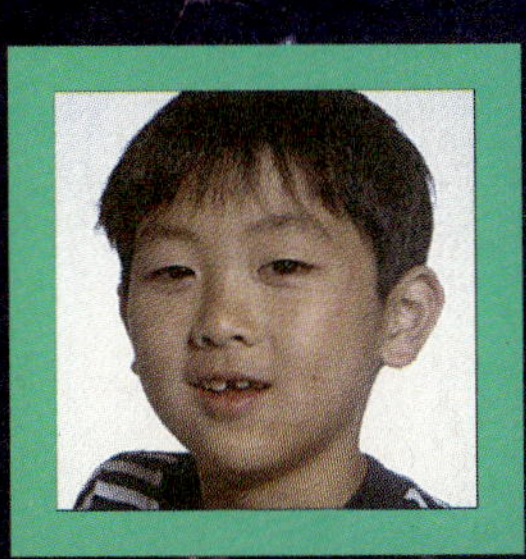

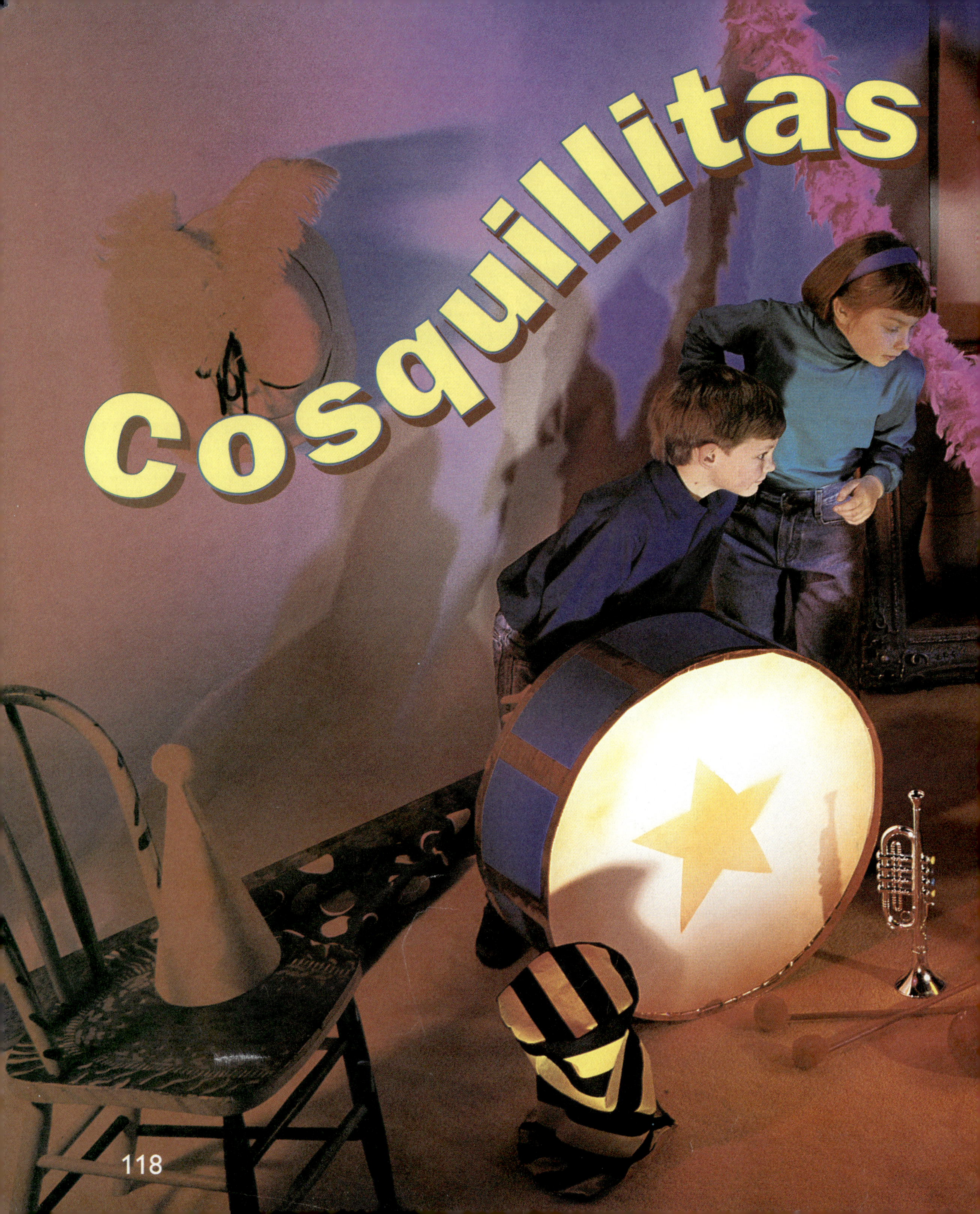
Cosquillitas

JA
JA

UNA EXTRAÑA VISITA
ALMA FLOR ADA
ilustrado por VIVÍ ESCRIVÁ
Una extraña visita
por Alma Flor Ada
ilustrado por Viví Escrivá
LIBRO GRANDE EXTRA

Índice

¡MIRA CÓMO LEO!
Doña Zorra y Pollito

LIBRO DE BOLSILLO EXTRA

Acerca de

Margarita Robleda Moguel

Margarita Robleda Moguel es de México. Escribe cuentos y canciones para niños. Escribió *El carrito de Monchito* para todos los niños juguetones.

Cuentos para pulguitas
Margarita Robleda Moguel
EL CARRITO DE MONCHITO

Monchito Monchito tenía su carrito

tan grande tan grande como un elefante.

¿Como un elefante?

No.

Monchito Monchito tenía su carrito
tan chico tan chico como una hormiguita.

¿Como una hormiguita?

No.

Monchito Monchito tenía su carrito

tan lejos tan lejos como un helicóptero.

¿Como un helicóptero?
No.

Monchito Monchito tenía su carrito
tan cerca tan cerca como una peca.

¿Como una peca?

No.

Monchito Monchito tenía su carrito

tan suave tan suave como una almohada.

¿Como una almohada?
No.

**Monchito Monchito tenía su carrito
tan sabroso tan sabroso como un helado de fresa.**

¿Como un helado de fresa?

No.

Monchito Monchito tenía su carrito

tan duro tan duro como un martillo.

¿Como un martillo?
No.

Monchito Monchito tenía su carrito
tan frío tan frío como un cubito de hielo.

¿Como un cubito de hielo?

No.

Monchito Monchito tenía su carrito

tan cariñoso tan cariñoso como un oso panda.

¿Como un oso panda?
No.

Monchito Monchito tenía su carrito,
que no estaba lejos ni cerca, no es sabroso ni suave, frío ni duro, ni siquiera cariñoso...

...pero el carrito que tiene Monchito,
es el carrito más hermoso de todo el universo,
porque es el carrito que tiene Monchito.

Acerca de

Maribel Suárez

Maribel Suárez nació en México el día de Navidad. Ha ilustrado más de cuarenta libros para niños. ¿Quizás hayas leído *Una cola especial*?

¡Haz una tabla!

Monchito se imaginó muchas cosas y animales diferentes. Haz una tabla que muestre algunas de las cosas y los animales que Monchito se imaginó. Compártela con un amigo.

Rostros graciosos en lugares misteriosos

mala hierba

flor

oruga

polilla

escarabajo

¡ME DAN RISITAS!

¿Te dan risa los dibujos? Miguel y Denise querían compartir unos dibujos y cuentos graciosos.

Un edificio creció tan grande que le salieron ojos, nariz y boca.

Miguel Ángel Gómez
Escuela Federal Street
Salem, Massachusetts

Miguel nació en Salem, Massachusetts. Su familia es de México y de Santo Domingo. Cuando sea mayor, Miguel quiere ser policía porque a veces no duermen en la noche, y a Miguel le gustaría estar despierto toda la noche.

Mi mami fue a la playa en el invierno. Brincó al agua. Los cabellos se le pusieron de punta.

Denise Salomón
Escuela Federal Street
Salem, Massachusetts

Denise también nació en Salem. Su familia es de Santo Domingo. Ella quiere ser maestra o doctora. A Denise le encanta contar chistes porque le gusta reírse.

Poemas de María Elena Walsh

La viborita

La viborita se va
corriendo a Vivoratá
para ver a su mamá.

La cabeza ya llegó
pero la colita no.

Terminó.

Una hormiga podrá tener barriga

Una hormiga podrá tener barriga
que a nadie desconcierta ni fatiga.
    Lo que a toda la gente
    le parece indecente
es tener una hormiga en la barriga.

  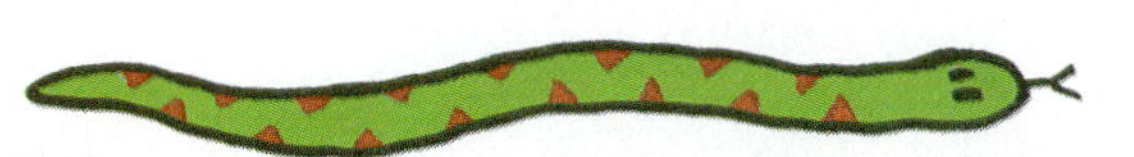 

EL VIENTO TRAVIESO
LOURDES
BRADLEY
MARTHA
AVILÉS
EL SUEÑO DEL DRAGÓN

Iban caminando por la calle...

una señora cargando
un bebé con un biberón,

un señor con bigote,

un perro con una pelota,

un ladrón con un antifaz,

una viejita con un sombrero chistoso,

un policía con un silbato,

un rey con una corona,

y un gato con un moño azul, cuando...

el viento sopló y sopló.
Sopló tan fuerte...

tan fuerte que hizo
que volaran todas las cosas.

Voló el biberón del bebé,
el bigote del señor,

el antifaz del ladrón,
la pelota del perro,

el sombrero de la viejita,
el silbato del policía,

la corona del rey
y el moño del gato.

Todos estaban muy enojados
y le gritaron al viento que les
devolviera todas sus cosas.

Entonces, el viento sopló y sopló, pero...

el antifaz del ladrón le cayó al bebé;
el biberón del bebé, al ladrón;

el bigote del señor le cayó al perro;
y la pelota del perro, al señor;

el sombrero chistoso de la viejita
le cayó al policía;
y el silbato del policía, a la viejita;

la corona del rey le cayó al gato
y el moño azul del gato le cayó al rey.

Y el viento se reía y se reía...

Acerca de Lourdes Bradley

Lourdes Bradley nació en California. Se mudó a México cuando tenía 11 años. Empezó a escribir cuentos en la escuela. Desde entonces ha estado escribiendo cuentos para niños. Ahora Lourdes es maestra de inglés.

Acerca de Martha Avilés

Martha Avilés es de Ciudad de México. Estudió arte en la universidad. Ha ilustrado muchos libros para niños. Martha ha ganado un premio por un libro de dibujos llamado *Japón*.

REACCIÓN

¡Cuéntalo!

Vuelve a contar el cuento con un grupo de compañeros. Si quieres, haz sombreros para representar a cada personaje.

RABANITOS

1

2

3

4

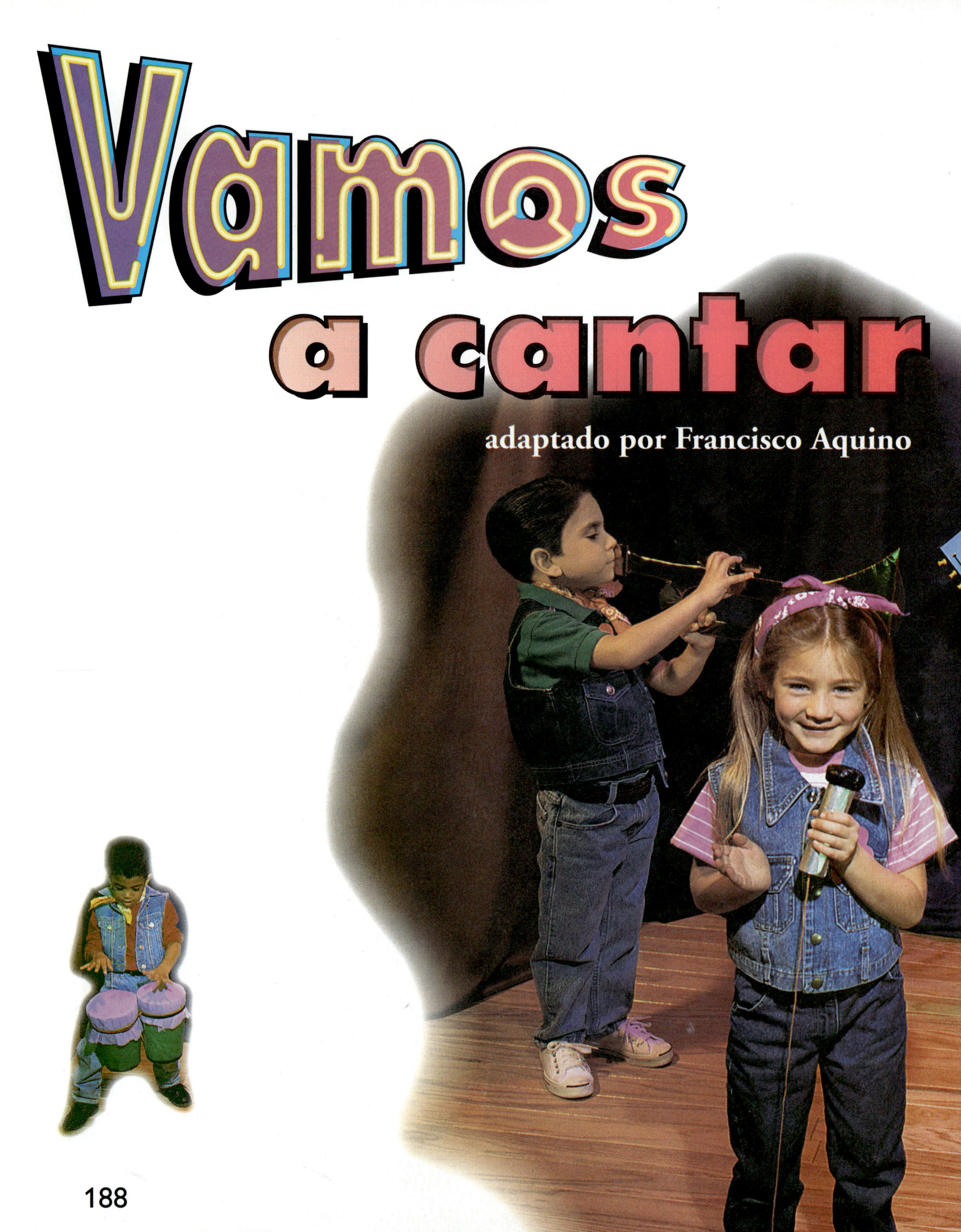

Vamos a cantar

adaptado por Francisco Aquino

Vamos, vamos a cantar diciendo nu nu.

Nu, nu, nunununununu, nu nu, nu nu nu.

Así yo canto, diciendo nu nu
diciendo nu nu, sin descansar.

Así yo canto, diciendo nu nu
diciendo nu nu nu nu nu nu nu.

El señor Salas

por José-Luis Orozco

El señor Salas
sala su salsa
en la sala
con sal de Salinas.

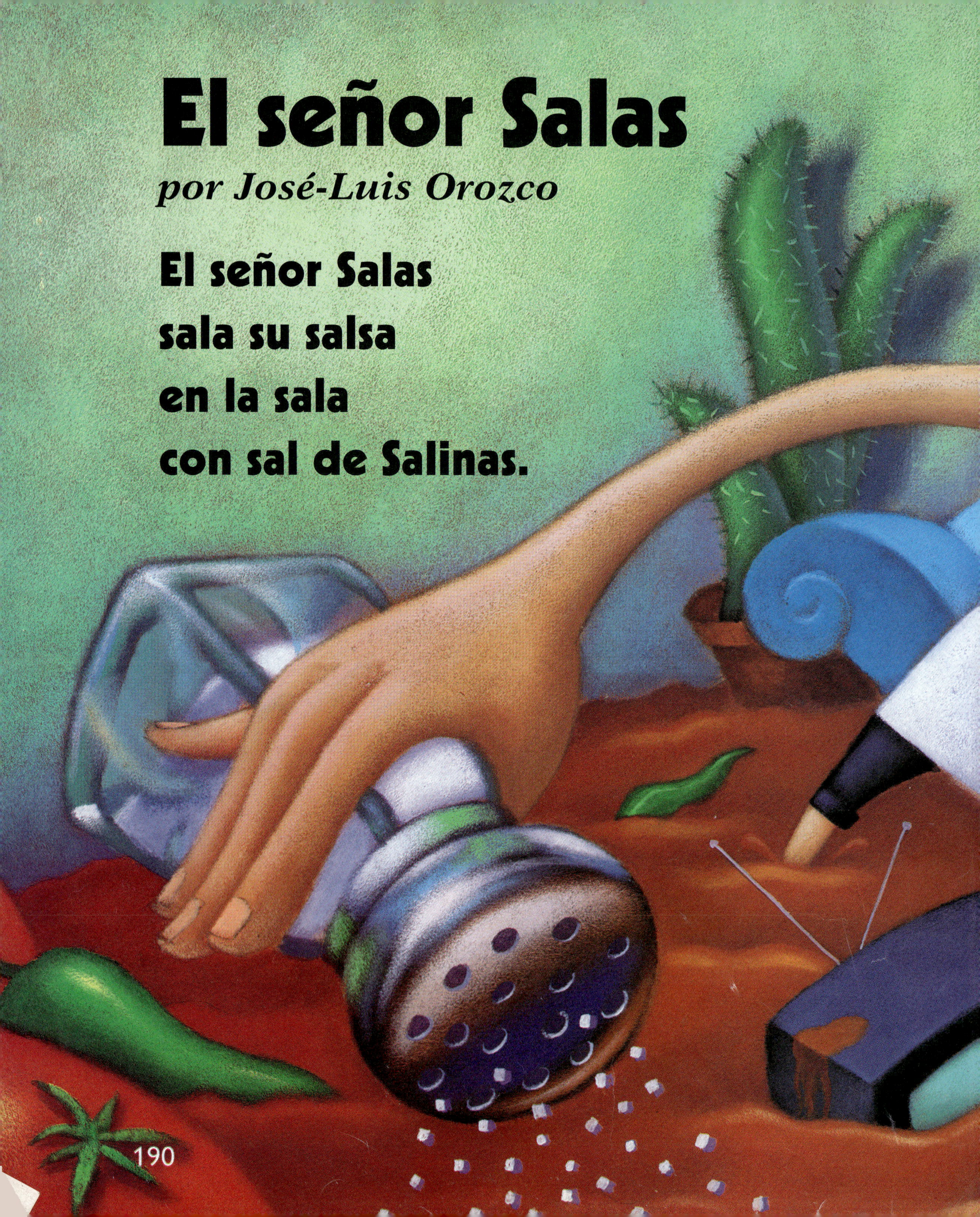

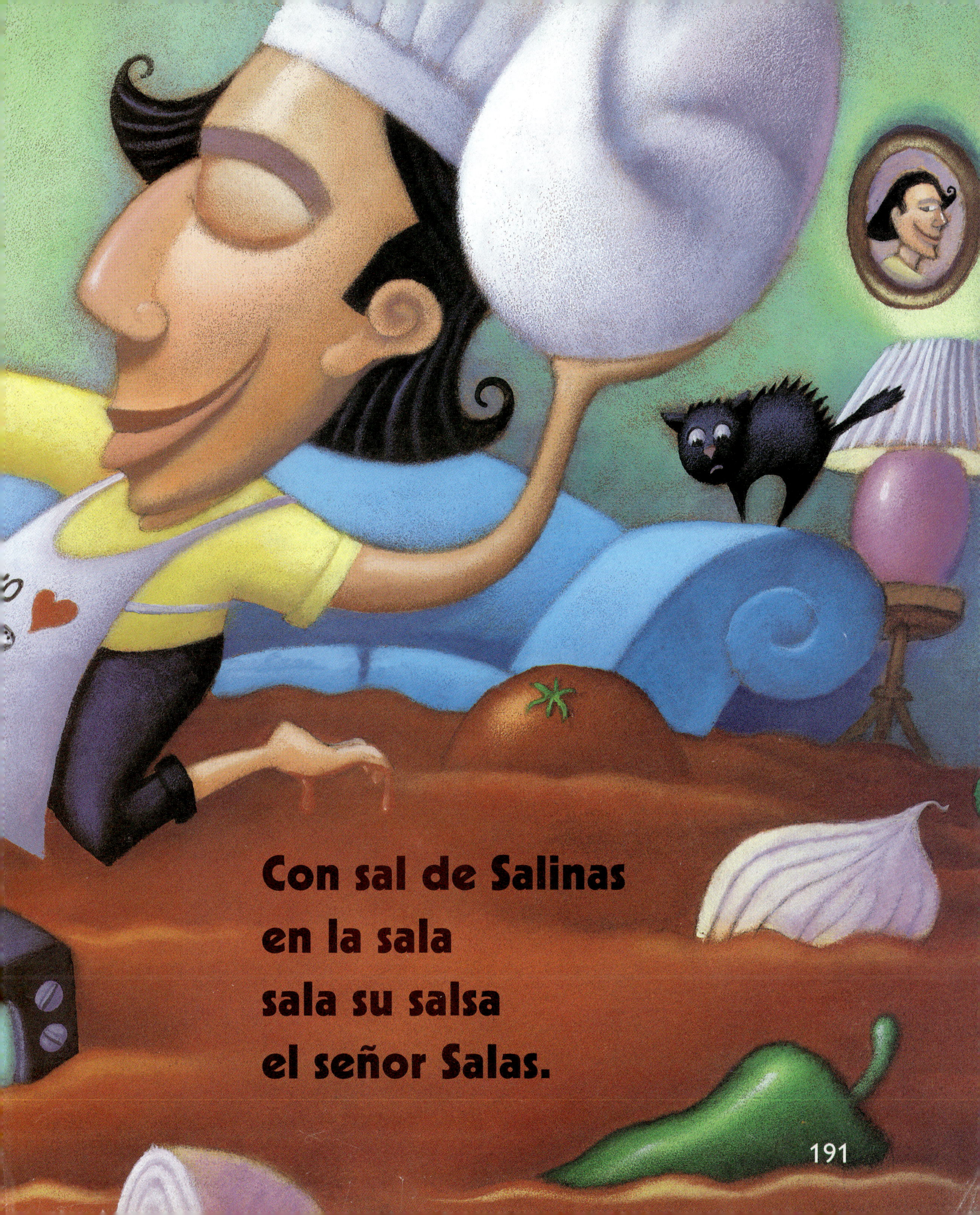

Con sal de Salinas
en la sala
sala su salsa
el señor Salas.

ACKNOWLEDGMENTS

For each of the selections listed below, grateful acknowledgment is made for permission to excerpt and/or reprint original or copyrighted material, as follows:

Selections

"Caminando," a selection from *Taking a Walk/Caminando: A Book in Two Languages,* by Rebecca Emberley. Copyright © 1990 by Rebecca Emberley. Reprinted by permission of the author.

El carrito de Monchito, written by Margarita Robleda Moguel, illustrated by Maribel Suárez. Copyright © 1990 by Sistemas Técnicos de Edición, S.A. de C.V., San Marcos 102, Tlalpan, México, D.F. Reprinted by permission.

¡Insectos!, by Patricia and Frederick McKissack. Copyright © 1988 by Regensteiner Publishing Enterprises, Inc. Reprinted by permission of Children's Press, Inc.

Listen to the Desert/Oye al desierto, by Pat Mora, illustrated by Francisco X. Mora. Text copyright © 1994 by Pat Mora. Illustrations copyright © 1994 by Francisco X. Mora. Reprinted by permission of Clarion Books, a division of Houghton Mifflin Company. All rights reserved.

PEANUTS comic strip from *Te vas a desnucar, Charlie Brown,* by Charles M. Schulz. Copyright © 1995 by United Feature Syndicate. Reprinted by permission.

"Rostros graciosos en lugares misteriosos," originally published as "Can You Find the Funny Faces in the Funny Places?" from *Your Big Backyard* magazine, Series III, March 1984. Copyright © 1984 by National Wildlife Federation. Reprinted by permission.

El viento travieso, by Lourdes Bradley, illustrated by Martha Avilés. Copyright © 1994 by Ediciones Corunda, S.A. de C.V., México. Reprinted by permission.

Poetry

"La luna," by Jessica Monteserín, from *Un lugar: Antología de poemas y trabajos de taller.* Copyright © 1990 by Centro de Publicacions de la Universidad Nacional de Litoral. Every attempt has been made to locate the rightsholder of this work. If the rightsholder should read this, please contact Houghton Mifflin Company, School Permissions, 222 Berkeley Street, Boston, MA 02116-3764.

"El Señor Salas," from *Lírica infantil con José-Luis Orozco,* vol. 5, by José-Luis Orozco. Copyright © 1993 by José-Luis Orozco. Reprinted by permission of BookStop Literary Agency for the author.

"Si tuviera alas," by Ana Cecilia Maero, from *Un lugar: Antología de poemas y trabajos de taller.* Copyright © 1990 by Centro de Publicaciones de la Universidad Nacional de Litoral. Every attempt has been made to locate the rightsholder of this work. If the rightsholder should read this, please contact Houghton Mifflin Company, School Permissions, 222 Berkeley Street, Boston, MA 02116-3764.

"Todas las tardes," by Ernesto Galarza. Copyright © 1971 by Ernesto Galarza. Reprinted by permission of Mae Galarza.

"Una hormiga podrá tener barriga," by María Elena Walsh. Copyright © 1995 by María Elena Walsh and Cía Editora Espasa Calpe, Argentina, S.A. Reprinted by permission of Cía Editora Espasa Calpe, Argentina, S.A.

"Vamos a cantar," by Francisco Aquino, from *Cantos para jugar 1.* Copyright © 1984 by Editorial Trillas, S.A. de C.V., México. Reprinted by permission.

"La viborita," from *El reino del revés,* by María Elena Walsh. Copyright © 1977 by Editorial Sudamericana. Reprinted by permission of Companía Editora Espasa Calpe Argentina, S.A.

Additional Acknowledgments

Special thanks to the following teachers whose student's compositions appear in the Taller de escritores feature in this level: Claudia Beymer, Fremont Charter School, Merced, California; Julie Lopez and Cristine Fernandes, Federal Street School, Salem, Massachusetts.

CREDITS

Illustration **11–37** Fred Willingham; **80** David Diaz; **81–87** Rebecca Emberley; **90–111** Francisco X. Mora; **122–151** Theodor S. Geisel (Dr. Seuss); **160–161** John Kane; **162–185** Martha Avilés; **187** Charles Schulz

Assignment Photography **10–11, 38, 44–45, 48–49, 64–65, 66–67, 68–69, 70–71, 72–73, 74, 76–77, 88–89, 112** (border), **118–124, 158–159, 162–163, 164–165, 185–186, 188–189** Tony Scarpetta; **185** Terry Pommett; **39, 40–43** (background), **2** (t), (right center), **75, 78–79, 82–86, 112, 115, 118–121, 155, 186** Tracey Wheeler

Photography **10** Courtesy of the McKissacks **38** Courtesy of Fred Willingham **40** ©Wolfgang Kaehler/Liason International (mr); ©Chromosohm/Sohm MCMXC11/The Stock Market (l); © 1994 Zefa Germany/The Stock Market (ml); © 1994 Zefa Germany/The Stock Market (m) **44** Courtesy of Yanitzia Canetti (top inset); © David Hiser/Tony Stone Worldwide (bottom inset) **46** Jose Carillo/PhotoEdit; **47** Joe Viesti/Viesti Associates Inc. **50** Chip and Rosa Maria Peterson **51** © David Hiser/Tony Stone Worldwide **52–53** John Neubauer/PhotoEdit **54–55** © Robert Frerck/Tony Stone Worldwide **56–57** Rick Strange/The Picture Cube, Inc. **58–59** Chip and Rosa Marie Peterson **60–61** Chip and Maria Peterson **62–63** Steve Northrup/Black Star **64** © David Hiser/Tony Stone Worldwide (t); John Neubauer (b) **65** Claire Rydell/The Picture Cube, Inc. (t); Rick Strange/The Picture Cube, Inc. (b) **66** Ulrike Welsch/PhotoEdit **67** Bruce Herman/Tony Stone Images, Inc. **69** John Neubauer/Photo Edit **70** Tatiana Parcero **71** Lawrence Migdale **88** Courtesy of Pat Mora (tl); Courtesy of Francisco X. Mora (br) **113** ©Wolfgang Kaehler/Liason International; Anthony Banister/Natural History Photographic Agency (tl); ©Thomas D. W. Friedman/Photo Researchers (mr); ©Roy Morsch/The Stock Market (bl) **114** Mark Bahti (t,tm,tr); Emil Muench/ Photo Researchers (b) **116** © Photri/The Stock Market **122** Courtesy of Margarita Robleda Moguel (inset) **156** Lynn Stone (tl) **156** ©Kjell B. Sandved/Sandved Photography (b) **157** ©Kjell B. Sandved/Sandved Photography (tl,bl,br); **157** Larry West (bl)